LE BIENHEUREUX

JEAN-BAPTISTE DE LA SALLE

PANÉGYRIQUE

PRONONCÉ

DANS LA BASILIQUE MÉTROPOLITAINE DE CHAMBÉRY

LE 12 JUIN 1888

PAR

M. L'ABBÉ LÉON BOUCHAGE

AUMONIER DE LA MAISON-MÈRE DES RELIGIEUSES DE SAINT-JOSEPH

DE CHAMBÉRY

MONTREUIL-S-MER

IMPRIMERIE NOTRE-DAME-DES-PRÉS

1889

LE BIENHEUREUX

JEAN-BAPTISTE DE LA SALLE

IMPRIMATUR.

C. Leleux, Vicarius Generalis.

Atrebati, die 25 Dec. in festo Nat. J.-C. 1888.

APOTHÉOSE DU BIENHEUREUX J.-B. DE LA SALLE

Reproduction du tableau qui servit pour la cérémonie de la Béatification à Rome le 19 février 1888.

LE BIENHEUREUX

JEAN-BAPTISTE DE LA SALLE

PANÉGYRIQUE

PRONONCÉ

DANS LA BASILIQUE MÉTROPOLITAINE DE CHAMBÉRY

LE 12 JUIN 1888

PAR

M. L'ABBÉ LÉON BOUCHAGE

AUMONIER DE LA MAISON-MÈRE DES RELIGIEUSES DE SAINT-JOSEPH

DE CHAMBÉRY

MONTREUIL-S-MER
IMPRIMERIE NOTRE-DAME-DES-PRÉS.
1889

LE BIENHEUREUX

JEAN-BAPTISTE DE LA SALLE

« *Si quis vult post me venire, abneget se metipsum, tollat crucem suam quotidie et sequatur me.* »

« Si quelqu'un veut venir après moi, qu'il se renonce, qu'il porte sa croix tous les jours et qu'il me suive. »

S. *Luc* IX, 23.

MONSEIGNEUR [1],

VÉNÉRÉS DISCIPLES DU B. J-B. DE LA SALLE,

MES FRÈRES,

Les saints, s'écriait il y a peu d'années un orateur sacré de cette illustre cité de Chambéry, dont vous regretterez plus vivement, ce soir, la mort prématurée, les saints sont les colonnes de l'Église, les ouvriers des civilisations et des grandes réformes, les instructeurs et les nourriciers des peuples ; et, depuis dix-neuf siècles, il n'y a pas eu d'œuvre durable et féconde qui ne se soit épanouie au soleil de leur foi et au souffle de leur charité [2].

Tels, mes Frères, nous sont apparus dans l'histoire, tous les saints mais plus particulièrement les saints fondateurs d'Ordres religieux, les Benoit, les François d'Assise, les Dominique, les Ignace de

[1] Mgr. François de Sales Albert Leuillieux archevêque de Chambéry.

[2] M. le Chanoine Arminjon — Panégyrique de saint Laurent de Brindes.

Loyola, les Vincent de Paul et les Alphonse de Liguori. Tel aussi vient de nous être signalé par la bouche infaillible de notre Très Saint-Père le Pape Léon XIII, le Bienheureux Jean-Baptiste de la Salle, fondateur de l'Institut des Frères des Écoles chrétiennes, dont j'ai le devoir de prononcer l'éloge à l'ouverture de ce triduum solennel de prières et d'intercession.

Je ne viens pourtant pas, devançant les prédicateurs qui suivront, vous montrer la haute influence civilisatrice du Bienheureux. Pour bien juger des vertus ou des œuvres d'un saint, il importe auparavant d'avoir sur sa vie des notions larges et justes. C'est pourquoi je m'attacherai à vous présenter la vie du Bienheureux, sous ses deux principaux caractères, le renoncement et la patience, qui en ont fait une admirable copie de Notre Seigneur Jésus-Christ, le Maître divin des Fondateurs.

En un mot, vie de Jean-Baptiste de la Salle, commencée dans l'héroïsme de l'abnégation et consommée dans les plus dures épreuves, voilà tout mon sujet.

O Bienheureux Jean-Baptiste de la Salle, c'est à l'ombre de votre douce image que, pour la première fois, j'entendis murmurer, dans mon cœur, les mystérieux appels de la vocation sacerdotale; et, maintenant que, au pied du tableau de votre apothéose, je dois célébrer, devant cet immense auditoire, l'héroïsme de votre abnégation et de votre patience, je me trouble et ma langue hésite. Daignez, je vous en prie, la bénir et la conduire, afin que, par la vertu de votre médiation, je ne parle que pour édifier les âmes. — *Ave, Maria.*

I

Quand Notre Seigneur Jésus-Christ prédestine un homme à l'éminente dignité des saints fondateurs d'Ordres, il lui demande premièrement l'abnégation, non pas cette abnégation commune exigée de tous les chrétiens, mais une abnégation héroïque : *abneget semetipsum.*

La condition est dure, vont observer les mondains. Non, mes Frères, elle n'est que raisonnable. Depuis le péché originel, en effet, l'abnégation est la racine de toute grandeur morale. Le général d'armée l'exige de ses soldats pour délivrer la patrie asservie : comment Notre Seigneur Jésus-Christ ne la demanderait-il pas à ceux qui veulent le suivre dans la carrière de rédempteur des peuples, à ceux qui prétendent délivrer leurs frères de l'esclavage de l'orgueil, de l'avarice et de la sensualité, ces trois concupiscences souveraines de l'homme déchu ? Ce fut, mes Frères, la source de la gloire du Bienheureux Jean-Baptiste de la Salle que d'avoir saisi ce principe, et d'y avoir généreusement conformé la conduite de sa vie entière.

Il naquit à Reims, l'an 1651, de M. Louis de la Salle, conseiller du roi au présidial, et de Mme Nicole Moët de Brouillet, tous deux de noblesse de robe et d'épée qui lui transmirent, avec le sang, les qualités héréditaires de leur race, la vaillance des chevaliers, la droiture des magistrats, la piété des bons chrétiens. A ces éléments naturels, la grâce mêla sa divine influence dans une telle proportion que le petit Jean-Baptiste apparut comme un enfant prédestiné.

Dès ses plus jeunes années, il fuyait le monde et n'avait de bonheur que dans la lecture de la Vie des saints, les cérémonies de l'Église et la récitation de l'Office canonial avec son grand-père maternel. A onze ans, comme notre saint François de Sales, il reçut la tonsure cléricale. A quinze ans, par la tolérance de ces temps, il fut pourvu d'un canonicat à la métropole de Reims. A vingt ans, il se rendit au séminaire de Saint-Sulpice de Paris, avec l'intention d'y achever ses études et de s'y consacrer totalement à Dieu par la prêtrise. Mais la mort de ses parents l'obligea de revenir bientôt.

C'était là, mes Frères, un coup de la Providence. Elle l'avait conduit à Saint-Sulpice pour lui montrer de grandes vertus, le mettre en relations avec d'illustres maîtres, et l'imprégner, pour sa vie entière, du parfum de la piété sulpicienne qu'il devait un jour communiquer à des disciples nombreux. Puis, elle le ramenait dans sa ville natale, avant même qu'il fût lié au Seigneur par les Ordres sacrés, et lui imposait avec la tutelle de ses frères orphelins, la direction des affaires de sa famille, pour l'exercer de bonne heure à l'abnégation, lui donner l'expérience du monde, et lui fournir l'occasion d'un plus grand mérite au jour où, après l'avoir rendu maître de tout, elle lui proposerait de renoncer à tout.

Le jeune minoré ne trompa point les espérances de Dieu. Au milieu de la sollicitude de l'administration des biens de ses frères, il résolut plus vivement d'être un disciple parfait de Notre Seigneur Jésus-Christ. Pour y réussir, il se traça un règlement sévère et confia son âme à la conduite d'un confesseur prudent et zélé.

Devenu prêtre, et, plus tard, docteur en théologie, il attendait, dans l'accomplissement très édifiant de ses obligations de chanoine, que les circonstances lui présentassent des fonctions plus en rapport avec les forces de son âge. Un jour, il se crut appelé au saint ministère paroissial. C'était une illusion. Dieu avait des desseins plus élevés sur son serviteur. L'heure était arrivée pour sa miséricorde d'exaucer enfin les prières de l'association qui, depuis trente ans, le suppliait par saint Joseph, d'accorder à la France des maîtres d'école chrétiens[1]. Il destinait le pieux chanoine de Notre-Dame de Reims à fonder l'Institut des Frères des Écoles Chrétiennes; et c'est un spectacle instructif que celui des voies suaves par lesquelles sa main divine le conduisit à la réalisation de ce projet considérable : « Ce fut, dit le Bienheureux, d'une manière imperceptible, en beaucoup de temps, de sorte qu'un engagement me conduisit dans un autre sans que je l'eusse prévu dans le commencement. »

La Providence employa d'abord son directeur, M. le chanoine Roland qui, après l'avoir initié à l'importance des écoles chrétiennes, lui laissa, en

[1] Association fondée par M. Bourdoise, en 1649, et placée sous le patronage de saint Joseph.

mourant, la charge de faire approuver la congrégation des Filles de l'Enfant-Jésus qu'il avait fondée pour l'éducation gratuite des filles pauvres.

A peine le pieux chanoine avait-il satisfait au vœu de son père spirituel, que Mme de Maillefer, sa parente, le pria de vouloir bien s'intéresser à une école gratuite de garçons qu'elle fondait à Reims.

Il accepta encore. L'entreprise réussit. Plusieurs écoles sont ouvertes. Dans chacune de leurs difficultés, les nouveaux maîtres, tous laïcs, prennent l'habitude de recourir au crédit, aux conseils et à la fortune de leur protecteur. Celui-ci les leur dispense avec d'autant plus de libéralité qu'il se sent plus invinciblement attiré vers eux. Peu à peu, cet attrait grandissant, il devient leur directeur spirituel et leur fait place à sa table, puis dans sa maison; enfin, reconnaissant que la communauté s'y trouve trop à l'étroit, il loue une maison plus vaste, et lui-même s'y installe avec eux.

C'était le 24 juin 1682, année de la trop fameuse Déclaration du clergé de France. Comme Abraham, le pieux chanoine avait abandonné la maison paternelle; et Dieu s'apprêtait à faire de lui le chef d'une innombrable postérité religieuse.

Mais à quel prix, mes Frères ?

Le dévouement de leur protecteur ne suffisait pas à soutenir le courage des nouveaux maîtres d'école. Pauvres pour la plupart, ils s'effrayaient de leur avenir. Vainement le Bienheureux s'efforçait-il d'apaiser leurs inquiétudes trop humaines, en leur rappelant d'un ton pénétré les touchantes exhortations de Notre-Seigneur : « *Nolite ergo solliciti esse in crastinum... Ne vous inquiétez donc pas du lendemain*[1]. » Plus dur que celui des Apôtres, leur cœur se fermait à la confiance ; et, même, ils osèrent observer que l'abandon à la Providence était facile à qui possédait tout, honneurs, fortune et douceurs d'une vie aisée. Pour eux qui manquaient de tout, la prudence voulait qu'ils avisassent à leur existence, pour le cas où les écoles gratuites viendraient à tomber. Sous une forme voilée, mes Frères, c'était Notre-Seigneur lui-même qui proposait à son serviteur le renoncement absolu : « *Si quis vult post me venire, abneget semetipsum*[2]. »

Le Bienheureux l'entendit ainsi ; et il sentit qu'il était arrivé à l'une de ces bifurcations du chemin de la vie, où le choix que l'on fait de tel ou de tel embranchement est de la dernière importance pour le temps et pour l'éternité. Quelle route allait-il prendre ? Continuerait-il de suivre la route aisée sur laquelle la Providence l'avait placé ? ou, l'abandonnant pour un sentier plus ardu mais plus sûr, prendrait-il la voie royale de l'abnégation ?

Pour dire les choses sans figure, le Bienheureux possédait un bon canonicat, un riche patrimoine, une vie relativement agréable. Or il lui parut impossible de pouvoir conserver à la fois et ces biens et la direction de l'œuvre des écoles. De ces deux avantages, il en fallait nécessairement sacrifier un. Ou renoncer aux écoles pour demeurer chanoine, riche, heureux selon les jugements du monde, avec l'espérance d'arriver un jour, peut-être, au trône épiscopal ; ou renoncer à ces biens certains pour se dévouer uniquement à l'œuvre des écoles, au risque de la voir échouer, et engloutir avec elle sa car-

[1] S. Math. VI, 34. — [2] S. Luc. IX, 23.

rière sacerdotale. Tel fut le dilemne imposé à notre Bienheureux, avec nécessité d'y répondre sans retard. Immédiatement, son âme pencha du côté de la croix, et s'engageant résolûment sur les pas de Notre Seigneur Jésus-Christ, il s'apprêta à tout quitter.

Et d'abord, son canonicat. Arrêté un moment par son directeur qui lui ordonna deux fois de surseoir, il se décida bientôt à le sacrifier sur l'avis du Père Barré, religieux Minime, dont il estimait singulièrement la sagesse : « Les renards ont leurs tanières, lui dit cet homme de Dieu en lui rappelant la parabole évangélique, les oiseaux du ciel, des nids, et le Fils de l'homme n'a pas où reposer sa tête[1] : » c'est-à-dire, pour appliquer ce texte à votre situation ; les renards sont les enfants du siècle qui s'attachent aux biens de la terre ; les oiseaux du ciel sont les religieux qui ont leur cellule pour asile ; mais les maîtres d'école dont la vocation est d'instruire les pauvres, à l'exemple de Jésus-Christ, ne doivent pas avoir d'autre partage sur la terre que celui du Fils de l'homme. » Fort de ce conseil, et passant par-dessus toutes les barrières qu'élevaient devant lui parents, amis, confrères et supérieurs unis pour le retenir, il résigna son canonicat ; et, comme l'oiseau, qui s'est dégagé du filet, remplit l'air de ses chants de liberté, notre Bienheureux rentrant à la maison dépouillé de sa dignité, réunit les maîtres et chanta avec eux un *Te Deum* d'action de grâces.

Cependant il lui restait de la fortune, et une for-

[1] S. Math. VIII. 35.

tune considérable pour ces temps-là. Qu'allait-il en faire ? Qu'il eût renoncé à son canonicat dont les obligations le détournaient trop d'une œuvre aussi délicate que celle des écoles, cela se comprenait. Mais pour la fortune, la question n'était plus la même. Aussi la prudence commune répondait-elle : « Consacrez votre fortune à soutenir votre œuvre, à fonder des écoles chrétiennes ; vous aurez par là le mérite de l'abnégation et la satisfaction du succès. » D'un autre côté, il lui semblait entendre, dans ses longues oraisons : « *Abneget semetipsum... vende... da pauperibus... renoncez-vous... vendez... donnez tout aux pauvres*[1]. » Mais ces paroles évangéliques, Jésus-Christ les lui adressait-il vraiment ? et devait-il les prendre dans toute l'énergie de leur sens littéral ? Une seconde fois le Père Barré le tira de sa perplexité : « Si vous fondez, vous fondrez. » C'était lui ordonner de fonder sur la pauvreté absolue. Et le Bienheureux obéit.

Toutefois, pour écarter la tentation de vaine gloire que lui occasionnerait infailliblement un renoncement éclatant, il décida de distribuer ses biens lentement, et comme à la dérobée. Il en fit trois parts : une pour les enfants pauvres, une autre pour les pauvres honteux, et une troisième qu'il destinait à être distribuée à la porte de sa maison. La famine de 1684 arriva du reste à point pour couvrir et faciliter l'exécution de ce projet magnanime. Et deux ans après, le Bienheureux dépouillé de sa fortune, était aussi pauvre que le plus pauvre de ses disciples. Agé seulement de trente-trois ans, il pouvait, avec une éloquence autrement persua-

[1] S. Math, XI, 21.

sive, reprendre l'exhortation de Notre-Seigneur sur l'abandon à la Providence, et comme le divin Maître, dire à ses disciples découragés : « *Ne vous inquiétez donc pas du manger, du boire et du vêtir. Ce sont là soucis de païens. Pour vous, vous devez savoir que votre Père céleste connaît vos besoins, et vous appliquer avant tout à la sanctification de vos âmes, bien persuadés que le reste ne vous fera jamais défaut*[1].... »

Mais il servirait de peu d'avoir brisé les deux chaînes de l'orgueil et de l'avarice à qui demeurerait esclave de l'amour-propre et de la sensualité. L'abnégation des honneurs et des richesses s'est rencontrée, jusqu'à un certain degré, chez les philosophes païens. Notre-Seigneur demande davantage à ses disciples. Il veut qu'ils en arrivent à la complète abnégation d'eux-mêmes, non à l'abnégation des biens extérieurs seulement, mais encore et surtout à l'abnégation du *moi : abneget semetipsum.*

Le Bienheureux était prêt à cette troisième manifestation de l'héroïsme de son amour pour Notre Seigneur Jésus-Christ. Au reste il n'avait pas attendu d'avoir trente-trois ans pour combattre sa sensualité. Consacré au Seigneur dès sa onzième année, il avait ensuite fait vœu de chasteté en recevant les Ordres sacrés. Puis il avait renoncé aux douceurs de la vie de famille et s'était condamné à la vie de communauté, dans une maison étrangère, avec des disciples d'une naissance et d'une éducation de beaucoup inférieures à la sienne. Enfin, les deux sacrifices récents de son canonicat et de sa

[1] S. Math. VI, 31, 33.

fortune l'avaient jeté dans l'obscurité et dans la pauvreté, milieux peu favorables à la sensualité.

Tout autre que le Bienheureux s'en fût tenu là. Lui poussa plus avant. Considérant que notre corps est toujours notre tyran quand il n'est pas notre esclave, il lui déclara une guerre implacable. Pour le dompter plus sûrement, il portait un cilice et une ceinture de cuir armée de pointes aiguës ; il déchirait sa chair par des flagellations sanglantes, se condamnait à de longues veilles qu'il passait en prières, et ne prenait son court sommeil que couché à terre ou appuyé contre une chaise. Son estomac délicat était accoutumé au choix des aliments : il le soumit à la table commune, châtiant ses révoltes par des abstinences prolongées. Vivement épris des communications célestes, il se faisait rigide économe du temps, ennemi sévère des visites inutiles, amateur insatiable de solitude, de silence, d'obéissance et d'humilité; et quand, pour obéir au devoir, ou pour condescendre aux convenances, il reparaissait au milieu du monde, il s'y montrait avec un visage voilé de modestie et doucement éclairé du rayonnement d'une âme dégagée de l'étreinte des passions. En un mot, il n'était rien qu'il épargnât pour faire de lui-même un holocauste au Seigneur, selon la recommandation de l'apôtre saint Paul : « *Obsecro vos fratres per misericordiam Dei ut exhibeatis corpora vestra hostiam viventem, sanctam, Deo placentem* [1]. »

Contemplez-le maintenant, mes Frères, ce héros de l'abnégation chrétienne. Pauvre, sans amis, sans

[1] Ep. ad Rom. XII, 1.

crédit, épuisé de mortifications ; il a tout sacrifié à son Dieu et n'a plus à présenter à ses disciples que les austérités du renoncement. Ne pensez pas cependant qu'il a perdu son œuvre. Les anéantissements de l'abnégation sont le berceau des grands caractères. En renonçant à tout pour suivre Notre Seigneur Jésus-Christ, le Bienheureux a secoué le joug du péché, reconquis la liberté de la grâce et trempé ses forces au foyer de la puissance divine. Investi du prestige surhumain de la sainteté, il attire à lui des vocations nombreuses, il persuade à ceux qui ont le courage de le suivre de se constituer en communauté régulière sous le titre de *Frères des Écoles Chrétiennes*, et les décide enfin à se courber sous le joug sacré de l'obéissance religieuse.

L'œuvre des Frères était fondée, les enfants du peuple avaient leurs vrais éducateurs, et l'Eglise une vaillante armée de plus. Sûr alors, décidé et sans peur, à la façon des héros du Christ, le Bienheureux se lève, et à la tête de sa nouvelle milice, s'élance dans la carrière où l'appelle, de toutes parts, le clergé français. Les desseins de la Providence s'accomplissaient ainsi, selon cette étonnante parole prononcée quelques années auparavant par la bouche d'un serviteur de Dieu : « Je crois qu'un prêtre qui aurait la science des saints se ferait maître d'école, et, par là, se ferait canoniser [1]. »

[1] M. Bourdoise. Lettre à M. Olier.

II

Le Fondateur d'Ordre religieux, mes Frères, est rédempteur des peuples. C'est pourquoi Notre Seigneur Jésus-Christ lui demande premièrement l'héroïsme de l'abnégation chrétienne qui délivre l'homme de l'esclavage du péché, et le rétablit dans un état de grâce, d'indépendance et d'énergie surnaturelle : *abneget semetipsum*. Le fondateur est de plus la pierre fondamentale de son Ordre, et le modèle d'une lignée d'âmes choisies qui trouveront en lui le type accompli du genre de perfection auquel elles sont appelées. C'est pourquoi Notre Seigneur Jésus-Christ lui impose en outre, et dans une mesure surabondante, l'épreuve de la souffrance. « *Si quis vult post me venire, tollat crucem suam quotidie ; Si quelqu'un veut venir après moi, qu'il porte sa croix tous les jours* [1]. »

Or le Bienheureux Jean-Baptiste de la Salle ayant reçu la mission de fonder un institut religieux destiné à sauver les enfants du peuple, dans les suprêmes luttes de l'antichristianisme, par la diffusion de l'enseignement chrétien, il était nécessaire que l'épreuve de la croix s'abattît sur lui pour achever l'affranchissement de son cœur, perfectionner sa vertu et le faire resplendir comme un astre aux regards de ses fils spirituels. Et la croix s'abattit sur

[1] S. Luc. IX, 23.

lui... Et quelle croix!... Je frémis d'avoir à vous la dépeindre et à vous dire de quelles pièces elle fut composée... Toutes les classes de la société y travaillèrent, le peuple, la magistrature, le clergé, l'institut des Frères lui-même.

Et d'abord le peuple.

Le Bienheureux était encore à Reims. Un Frère des écoles de la paroisse de Saint-Jacques étant tombé malade, l'humble supérieur se chargea de le remplacer; même, il voulut porter l'habit du maître dont il remplissait l'emploi.

Vous le connaissez tous, mes Frères, ce modeste habit des disciples du Bienheureux Jean-Baptiste de la Salle. Depuis deux siècles, tant de vertus sont venues s'abriter dans ses plis, qu'il a conquis un respect universel. Naguère, lors des malheurs de la patrie envahie, quand elle vit les Frères de Paris, dédaigneux de la mort, s'élancer au pas de gymnastique, à travers la mitraille, sur les champs de bataille de Champigny, de Buzenval et du Bourget, pour relever les blessés et les mourants, la France entière les salua des applaudissements de sa reconnaissance et de son admiration.

Mais en 1686, cet habit n'avait point fait encore ses preuves; et ce fut le Bienheureux qui en commença la célébrité au prix des plus sanglantes ironies. Quand la population de Reims vit donc l'héritier des de la Salle, l'ancien chanoine de la métropole, sous ce chapeau pesant, sous ce manteau à manches tombantes imité des capotes des paysans de la Champagne, dans cette soutane à agrafes de fer, et dans ces souliers à double semelle, il se fit, par toute la cité, un immense éclat de rire aussi méprisant qu'insensé. Les ouvriers suspendaient leur travail et venaient sur le pas de leurs boutiques pour en plaisanter ; les enfants le suivaient en le piquant de leurs expressions moqueuses ; les passants s'arrêtaient pour hausser les épaules et le qualifier outrageusement. A les entendre tous, c'était un fou, un hypocrite, un ambitieux, un possédé de la manie de se singulariser. Et lui, les yeux baissés, recevait dans son cœur tous ces traits mordants ; à l'exemple du Sauveur en croix, il priait Dieu de pardonner à ses insulteurs ; et ne se donnait d'autre vengeance, pendant les trois mois que dura la maladie du Frère, que celle d'instruire et de protéger les enfants de ce peuple qui l'injuriait! O vous, les disciples du Bienheureux Jean-Baptiste, baisez avec amour, chaque matin, votre habit religieux, en pensant qu'il a été béni dans les larmes et la patience héroique de votre père !

Après le peuple, ce fut la magistrature.

C'est assurément, mes Frères, une remarque affligeante que celle de voir partout, même au sein des nations les plus chrétiennes, les difficultés que rencontrent les œuvres de Dieu pour obtenir leur part légitime de liberté. Quelle œuvre, plus que celle du Bienheureux Jean-Baptiste de la Salle, méritait, en France, la franche protection du droit ? Fille d'un Français de vieille race, elle venait enseigner gratuitement aux enfants du peuple la langue de Pascal et de Bossuet, et leur apprendre à devenir meilleurs, comme ouvriers, comme chrétiens et comme sujets. Eh bien ! non. Au lieu d'être immédiatement accueillie comme une amie, elle se voit l'objet de la défiance, de la jalousie, de la sévérité des règlements.

Les villes, qui appréhendaient que la pauvreté des Frères ne devînt pour le trésor public une charge nouvelle, s'unissent aux classes mondaines qui ne veulent pas comprendre la nécessité de l'instruction pour les classes pauvres, et s'appliquent à mettre des entraves au zèle du Bienheureux. A Chartres, par exemple, après la mort de leur protecteur, le vénérable Mgr Godet des Marais, le tribunal condamne les Frères à faire disparaître la croix de la porte de leur maison ; il leur défend de recevoir pour élèves d'autres enfants que ceux des parents inscrits sur le registre des pauvres à qui l'on fait l'aumône, et de leur enseigner autre chose que les éléments nécessaires à la condition des pauvres; et, pour les mettre dans l'impossibilité matérielle de contrevenir gravement à ces ordonnances, il arrête que leur communauté ne pourra jamais compter plus de quatre membres.

D'autre part, les maîtres séculiers, dont les bénéfices diminuaient notablement depuis l'ouverture des écoles gratuites des Frères, ne veulent pas consentir à sacrifier leur intérêt particulier à l'intérêt général de la société. Ils suscitent au Bienheureux des procès sans cesse renouvelés. A Paris, pour obliger les Frères à fermer leurs écoles avant même le prononcé du jugement, ils ne craignent pas de recourir à la violence, de disperser les élèves et de piller le mobilier des classes. Finalement, ils obtiennent de toutes les juridictions une sentence défendant au Bienheureux et à ses frères de tenir aucune petite école dans toute l'étendue de Paris et de ses faubourgs, sans la permission d'une certaine autorité toute-puissante et gagnée au parti des maîtres séculiers. Après quinze ans d'efforts, le Bienheureux fut contraint de secouer la poussière de ses pieds contre la capitale de sa patrie qui le traitait en étranger ; et, doux et résigné, il s'en alla transplanter son noviciat dans une cité plus hospitalière.

La troisième classe des contradicteurs du Bienheureux sortit des rangs d'une société où il n'aurait dû, ce semble, rencontrer que des cyrénéens compatissants.

Le clergé, mes Frères, est le grand instrument officiel de Dieu pour le bien. Il a reçu la mission de garder intact le dépôt de la foi, des mœurs et de la discipline chrétiennes qui sauvent les âmes. Mais, précisément parce qu'il est plus jaloux de remplir son devoir, comme une sentinelle vigilante, il est exposé par l'infirmité humaine à blesser parfois ses plus zélés collaborateurs. Le Bienheureux eut donc à ressentir, de la part du clergé, et les effets de son zèle, et les effets de sa défiance des nouveautés.

C'est au clergé de France qu'il fut redevable de toutes ses fondations ; et rien n'est glorieux pour lui, comme l'exposé des motifs sur lesquels s'appuient les vénérables pasteurs des paroisses pour confier leurs écoles aux disciples du Bienheureux. Aucun sacrifice ne leur coûte pour établir des écoles, les fournir du mobilier scolaire, loger les Frères et assurer leur existence. Entre tous, il convient de citer les curés de Saint-Sulpice de Paris, Messieurs de la Barmondière, Baudrand et de la Chétardie. Ce dernier entretenait, en 1698, sur sa paroisse, quatorze classes fréquentées par plus de mille enfants.

Mais aussi, en retour de leur dévouement, ils croyaient pouvoir imposer leurs idées. Il faut le dire, la situation était fertile en illusions. Tant que vécut le Bienheureux, l'Institut, béni par l'épiscopat comme une œuvre providentielle, ne reçut néanmoins l'approbation ni du Pape ni du Roi. En outre, les Frères ne faisant alors que les vœux d'obéissance et de stabilité, leur compagnie n'avait pas les caractères essentiels qui constituent une association religieuse en personne canonique, et lui confèrent des droits nettement définis. Ces diverses circonstances fournirent à la sagesse divine mille occasions de mettre en lumière et la fragilité de l'esprit humain, et la patience héroïque du Bienheureux Jean-Baptiste de la Salle. Citons-en quelques-unes.

Certains curés, partant de ce principe que l'église paroissiale est le centre de la vie chrétienne ordinaire dans une paroisse, voulaient obliger les novices des Frères à assister, le dimanche, aux offices paroissiaux. D'autres croyaient sincèrement servir Dieu en s'ingérant dans le gouvernement de l'Institut. L'habit leur déplaisait : il fallait le remplacer par un autre moins lourd, plus populaire. Le noviciat général coûterait beaucoup : il n'en fallait point. La règle faisait, des Frères, des auxiliaires soumis et dévoués : il fallait la modifier de façon que le curé fût encore le supérieur immédiat de chaque maison.

Excellents curés, ils pouvaient l'être, mais fondateurs d'Ordre, point du tout. Éclairé de lumières supérieures, le fondateur voit de plus haut et plus loin. Le Bienheureux qui avait reçu de Dieu la mission de former une famille religieuse, au service de l'Église catholique, pour l'instruction chrétienne des enfants pauvres, ne pouvait donc pas s'enfermer dans les vues et dans les frontières d'une paroisse. De là, des rencontres pénibles, des résistances nécessaires, et aussi des larmes amères. Car il n'est pas de persécution comparable à celle qui arrive des bons.

Pour avoir voulu demeurer fidèle aux impulsions du Saint-Esprit, mouvements du reste toujours contrôlés par le jugement de ses directeurs spirituels, quoique ignorés de la multitude, le Bienheureux fut traité d'homme entêté, présomptueux, plein de lui-même, rigoriste, dur et impitoyable à ses Frères, bref, dépourvu de sens pratique et radicalement incapable de gouverner un Institut naissant appelé à rendre de si grands services à l'Église. La fin de toutes ces accusations fut qu'étant allé se présenter à son supérieur ecclésiastique, le Cardinal de Noailles archevêque de Paris, pour se justifier, le Bienheureux s'entendit faire cette réponse foudroyante : « Monsieur, vous n'êtes plus supérieur ; j'ai pourvu votre communauté d'un autre. » Et lui, docile comme un enfant, s'en alla préparer l'installation de son successeur.

Du moins était-il heureux au sein de sa famille religieuse ? et, quand il y rentrait, pouvait-il s'y reposer comme un ouvrier au milieu de ses enfants ? Oui, mes Frères, le Bienheureux goûta, selon la parole de nos saints Livres, combien il est doux d'habiter une communauté de frères : *ecce quam bonum et quam jucundum habitare fratres in unum*[1]!

Quels hommes il y avait parmi les premiers compagnons du bienheureux Jean-Baptiste de la Salle !

Ah ! nous n'aurons jamais dans nos poitrines assez de reconnaissance et d'admiration pour ces chrétiens de la primitive Église qui nous ont conservé la foi de Notre Seigneur Jésus-Christ au prix du martyre ; et pour ces anachorètes qui nous ont appris à dompter les passions, plus redoutables mille fois que la dent des lions, dans les austérités de la Thébaïde ; et pour ces pontifes intrépides qui ont défendu, contre les séductions et contre les menaces, la primauté du souverain Pontificat !

Mais ne sont-ils pas dignes aussi de nos éloges ces vaillants jeunes hommes, qui s'offraient au Bienheureux pour former le Christ dans le cœur des enfants pauvres, et qui, avant leur trentième année, dans l'obscurité d'une classe méprisée, tombaient martyrs de fatigue et d'épuisement ?

Et ces Frères, qui, le 21 novembre 1691, font vœu de maintenir l'œuvre des écoles, quand même ils ne resteraient plus que trois dans la société, et qu'il leur faudrait mendier et vivre de pain seulement ?

Et ces Frères de Vaugirard qui, dans la terrible famine de 1693, lorsque le Bienheureux vient leur dire en pleurant : « Mes enfants, il n'y a plus de pain à la maison » lui répondent : « Dieu soit béni quand même ! »

Et ces Frères de Saint-Sulpice qui, devant les calomnies dirigées contre leur bienheureux Père et le

[1] Ps. CXXXII.

joug de sa Règle, protestent qu'ils n'accepteront jamais d'autre supérieur que lui, d'autre règle que la sienne?

Et ces Frères du Noviciat, qui, chassés de Paris en 1705, s'en allaient à Rouen, cheminant à pied, gardant, le long des routes et au milieu de l'embarras des chars, le silence, le recueillement et la modestie du cloître?

A deux siècles de distance, nos cœurs s'émeuvent encore de tant de perfection. Comment le Bienheureux aurait-il pu ne pas y trouver de profondes consolations? et combien de fois, à ses fils rassemblés autour de lui, dans l'union d'une charité parfaite, n'a-t-il pas répété : « Vous êtes ma couronne et ma joie, vous, mes enfants, qui me demeurez si affectueusement attachés au milieu de mes contradictions. *Vos estis qui permansistis mecum in tentationibus meis*[1].

Toutefois, ce spectacle qui rappelle la fidélité des apôtres, et le témoignage que leur rendait Notre Seigneur Jésus-Christ, était de nature à piquer d'une haine profonde l'ennemi de la charité, le maître infernal de la trahison. Comme Notre Seigneur Jésus-Christ dont il voulait être un disciple parfait, le Bienheureux vit donc pénétrer dans sa communauté Satan, l'inspirateur des Absalons et des Judas ; et, comme son divin Maître, il eut la douleur singulièrement cruelle d'être trahi par des fils de perdition, *filius perditionis,* qu'il appelait ses amis, et pour lesquels, il n'avait ni secrets, ni paraboles.

Ces deux-là, enorgueillis du succès qu'ils ob-

[1] S. Luc. XXII. 28.

tiennent dans les écoles dominicales de Saint-Sulpice que leur a confiées le Bienheureux, abandonnent leur vocation, et font tomber l'œuvre en ouvrant dans le même quartier des écoles rivales. Celui-ci, profitant du droit apparent que lui donne la légalité, s'approprie une fondation faite en faveur du Bienheureux pour l'établissement, dans Paris, d'une école normale d'instituteurs séculiers pour la campagne, et cause la ruine de l'entreprise. En voici d'autres qui, par un zèle indiscret, découragent les novices, et renvoient dans le siècle des sujets qui vont partout critiquant l'Institut, et disant aux vocations en germe comme les explorateurs infidèles de la terre promise : « *Le pays d'où nous arrivons dévore ses habitants, gardez-vous d'y entrer jamais*[1]. » Quant à ce malheureux, frémissant d'ambition comme Lucifer dans le ciel, il a tenté de supplanter son Bienheureux fondateur, et proposé aux Frères de le suivre en masse dans une maison qu'il devait acheter si le complot avait réussi.

Ce n'est pas encore assez. Au parfait disciple de Jésus-Christ, était réservée une agonie terrible qui devait durer sept années entières, et pendant lesquelles toutes les créatures paraissent concertées pour l'écraser comme un ver.

A Paris, c'est un jeune ecclésiastique, dont l'imprudence lui attire injustement une condamnation des tribunaux avec menace de prison. A Marseille, ce sont les Jansénistes qui le persécutent odieusement, après avoir vainement essayé de le gagner au parti de l'hérésie. A Mende, deux Frères coupables qu'il veut convertir, le chassent de la communauté

[1] Num. XIII, 33.

et l'obligent à se réfugier dans une maison étrangère.

Alors le doute envahit son âme, il se croit victime des illusions du démon, pécheur maudit de Dieu, condamné comme Jonas, le prophète rebelle, à disparaître pour apaiser la tempête déchaînée sur le vaisseau de l'Institut. Il erre d'ermitage en ermitage, appelant à son aide les anges de la consolation qui ne viennent pas. Et s'il retourne à Paris, sur l'injonction des Frères réunis en assemblée générale, c'est pour retrouver, après quarante ans de travail, sa règle modifiée en des points essentiels, par de faux sages, et son noviciat réduit à trois postulants.

Tant d'épreuves abrégèrent la vie de l'héroïque victime. Encore quelques jours, et la mort l'aura frappé. Il restait une dernière goutte de fiel au fond de la coupe. Dieu exige qu'il épuise le calice. Il veut qu'il emmène à Rouen les débris de son œuvre ; il permet que son Archevêque mal informé l'interdise ; et, trois jours après, sous le coup de cette peine, à l'âge de soixante-huit ans, le vendredi-saint de l'année 1719, le serviteur de Dieu expire....

Ah ! mes Frères, qu'en dites-vous ? Devant cette croix à laquelle, par une disposition mystérieuse de la sagesse éternelle, ont travaillé, pour en augmenter le fardeau, le peuple, la magistrature, le clergé, l'institut lui-même des Frères ; devant ce portement de croix qui dure quarante ans ; devant ce Calvaire grand comme la France, au sommet duquel meurt le même jour que le Sauveur, l'un des plus grands amis du peuple, vous dites peut-être : Où donc est la Providence ? Où la justice de Dieu ? Sachez contenir vos sentiments, mes Frères, et ne point vous scandaliser ! sinon Jésus-Christ vous répondrait, comme le lendemain de sa résurrection, aux disciples d'Emmaüs : « *O stulti... ô insensés... et tardi ad credendum, ô cœurs lents à croire le mystère de la sanctification des héros du Christianisme !* Ne fallait-il pas que le Bienheureux subît cette Passion pour mériter d'entrer dans la gloire des fondateurs d'Ordres et des modèles de la perfection religieuse ? *nonne hæc oportuit pati, et ita intrare in gloriam* [1].

Oui, certes, il le fallait. Lorsque, au déluge, les cataractes des cieux engloutissaient les palais superbes et les cimes des montagnes altières, l'Arche Sainte, dit l'Écriture, s'élevait dans le sublime: « *Factumque est diluvium quadraginta diebus super*

[1] S. Luc. XXIV. 25.

terram, et multiplicatæ sunt aquæ, et elevaverunt arcam in sublime a terra[1] ».

Ainsi, mes Frères, du cœur du Bienheureux Jean-Baptiste de la Salle. Sous ce déluge de quarante ans d'épreuves qui aurait englouti toute âme moins magnanime, il montait, il montait, sans cesse plus loin de la terre dont il se détachait chaque jour davantage, sans cesse plus près de Dieu qu'il connaissait toujours mieux ; et parvenu à cette hauteur de vertu sublime, dominant tous les horizons de ce monde, comprenant à fond et les hommes et les choses, étroitement uni à son divin Maître, il pouvait quitter ce dur exil sans crainte de l'avenir, assuré qu'en retour de son abnégation et de sa patience, Notre Seigneur Jésus-Christ communiquerait à son œuvre la fécondité de la lumière, de la sainteté et de l'immortalité.

Mes Frères, j'ai fini. Des orateurs plus éloquents vous diront les vertus et les œuvres du héros de ce Triduum. Pour moi, qui avais à dérouler à vos yeux le tableau de son admirable vie, ma tâche est accomplie. Je le sens néanmoins, vos cœurs ne seraient point satisfaits, s'ils ne pouvaient, dès ce soir, faire monter vers le ciel un cri de reconnaissance et d'ardente prière. Avant donc de nous séparer, tous tant que nous sommes ici, peuple, magistrats, religieux et prêtres, agenouillons-nous au pied des autels, et récitons avec amour l'oraison composée par l'Église, en l'honneur du Bienheureux :

« O Dieu, qui pour donner l'éducation chrétienne aux pauvres, et pour enseigner la science aux

[1] Genès. VII, 17.

petits, avez suscité le Bienheureux confesseur Jean-Baptiste, et formé par lui, dans l'Église, une nouvelle famille religieuse, accordez, nous vous en supplions, à ceux qui instruisent l'enfance, de suivre toujours ses exemples, et d'avancer dans la vertu par son intercession. Par Jésus-Christ Notre Seigneur. Ainsi soit-il. »

www.ingramcontent.com/pod-product-compliance
Lightning Source LLC
LaVergne TN
LVHW050502160826
845677LV00003B/903

* 9 7 8 2 3 2 9 6 5 7 8 0 6 *